Plantas de invierno

Julie Murray

Abdo Kids Junior es una
subdivisión de Abdo Kids
abdobooks.com

LAS ESTACIONES: ¡LLEGA EL INVIERNO!

abdobooks.com

Published by Abdo Kids, a division of ABDO, P.O. Box 398166, Minneapolis, Minnesota 55439. Copyright © 2024 by Abdo Consulting Group, Inc. International copyrights reserved in all countries. No part of this book may be reproduced in any form without written permission from the publisher. Abdo Kids Junior™ is a trademark and logo of Abdo Kids.

102023
012024

Spanish Translator: Maria Puchol

Photo Credits: iStock, Shutterstock

Production Contributors: Teddy Borth, Jennie Forsberg, Grace Hansen

Design Contributors: Candice Keimig, Pakou Moua

Library of Congress Control Number: 2023939990

Publisher's Cataloging-in-Publication Data

Names: Murray, Julie, author.

Title: Plantas de invierno/ by Julie Murray

Other title: Winter plants. Spanish

Description: Minneapolis, Minnesota: Abdo Kids, 2024. | Series: Las estaciones: ¡Llega el invierno! | Includes online resources and index

Identifiers: ISBN 9781098269791 (lib.bdg.) | ISBN 9798384900351 (ebook)

Subjects: LCSH: Winter--Juvenile literature. | Plants--Juvenile literature. | Plants in winter--Juvenile literature. | Seasons--Juvenile literature. | Spanish Language Materials--Juvenile literature.

Classification: DDC 525.5--dc23

Contenido

Plantas de invierno . . .4

Más plantas
de invierno 22

Glosario 23

Índice 24

Código Abdo Kids . . .24

Plantas de invierno

¡Ya es invierno! Algunas plantas crecen en el invierno.

El acebo tiene frutos rojos.

Los **árboles de hoja perenne** son muy altos. La nieve se queda en sus ramas.

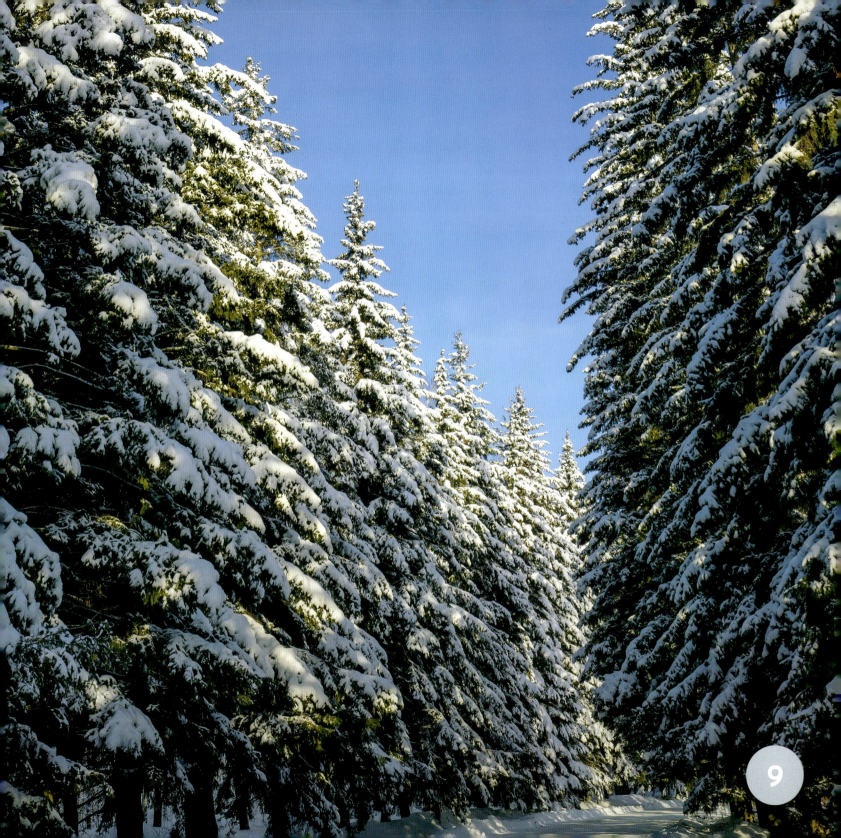

Los pétalos de los pensamientos son coloridos.

¡La rosa de invierno no es realmente una rosa! Es una planta bulbosa perenne.

El hamamelis tiene *coloridas* flores. Pueden ser amarillas, rojas o anaranjadas.

Las flores de las campanillas de invierno son blancas. Cuelgan hacia el suelo.

El fruto del acebo americano es rojo. ¡A los pájaros les gusta comérselos!

¿Qué plantas de invierno puedes ver tú?

Más plantas de invierno

la flor de Nochebuena

el jazmín amarillo

la prímula inglesa

la rosa de Navidad

Glosario

colgar
que cae o se hunde.

colorido
de muchos colores.

de hoja perenne
plantas o árboles que no pierden la hoja en todo al año.

Índice

acebo 6

acebo americano 18

campanilla de invierno 16

colores 14, 16, 18

de hoja perenne 8

hamamelis 14

pensamiento 10

rosa de invierno 12

¡Visita nuestra página **abdokids.com** y usa este código para tener acceso a juegos, manualidades, videos y mucho más!
Los recursos de internet están en inglés.

Usa este código Abdo Kids

SWK7106

¡o escanea este código QR!